RICK KIRKMAN / JERRY SCOTT

BÉBÉ BLUES

Papa, maman, 2 et moi, et moi, et MOI !

ÉDITIONS
HORS COLLECTION

DANS LA MEME COLLECTION :

BILL WATTERSON / CALVIN ET HOBBES

Adieu, monde cruel ! Tome 1
En avant, tête de thon ! Tome 2
On est fait comme des rats ! Tome 3
Debout, tas de nouilles ! Tome 4
Fini de rire ! Tome 5
Allez, on se tire ! Tome 6
Que fait la police ? Tome 7
Elle est pas belle, la vie ? Tome 8
On n'arrête pas le progrès ! Tome 9
Tous aux abris ! Tome 10
Chou bi dou wouah ! Tome 11
Quelque chose bave sous le lit ! Tome 12
Enfin seuls ! Tome 13
Va jouer dans le mixer ! Tome 14
Complètement surbookés ! Tome 15
Faites place à Hyperman ! Tome 16

DU MEME AUTEUR :

BÉBÉ BLUES

Devine qui n'a pas fait de sieste ? Tome 1
Papa, maman, et moi et moi et MOI ! Tome 2
Il y a des jours comme ça... Tome 3
Bon anniversaire, la puce ! Tome 4
Tu crois qu'elle le fait exprès ? Tome 5

Titre original : GUESS WHO DIDN'T TAKE A NAP

Traduction : Patrick Mercadal et Jacques Collin
Lettrage : Martine Segard
Mise en couleur de la couverture : Isabelle Rabarot
ISBN : 2-258-04143-0
Numéro d'éditeur : 173
Code interne : 200 815-9

BÉBÉ BLUES®

RICK KIRKMAN / JERRY SCOTT

TU TE RAPPELLES NOS SOIRÉES ROMANTIQUES AU RESTAURANT AVANT LA NAISSANCE DE LA PUCE ?
OUI... ET PLUS TARD, QUAND ELLE SERA GRANDE, NOUS RECOMMENCERONS.
OUI ...
KIRKMAN & SCOTT
PLAAF!
¡SNIF!
TU N'AS PAS L'IMPRESSION QUE LES MEILLEURS MOMENTS DE NOTRE VIE SONT SOIT PASSÉS, SOIT À VENIR ?

WANDA ! JUSTINE
ENCORE DE SE
METTRE DEBOUT !
ELLE EST DEBOUT ! NON ! ELLE EST PAR TERRE !
DEBOUT ! PAR TERRE ! ENCORE DEBOUT ! ATTENDS... ENCORE PAR TERRE ... NON, DEBOUT !
PROCHAIN BULLETIN SELON ÉVOLUTION !
KIRKMAN & SCOTT

NOTRE PETITE FILLE APPREND À SE METTRE DEBOUT.
TU TE RENDS COMPTE CE QUE ÇA SIGNIFIE ?
ÇA SIGNIFIE QUE NOTRE BÉBÉ GRANDIT ! ÇA SIGNIFIE QU'ELLE DEVIENT INDÉPENDANTE !
ÇA SIGNIFIE QUE NOUS DEVONS REMONTER TOUS LES OBJETS FRAGILES D'UNE ÉTAGÈRE.
BIEN VU.
KIRKMAN & SCOTT

PAR ICI, S.V.P!
JE N'ARRIVE PAS À ME SOUVENIR... AVONS-NOUS DÉJÀ MANGÉ ICI AVEC JUSTINE?
Menu
Please
JE CROIS, OUI!
VOTRE SERVEUSE SERA LÀ DANS UN MOMENT.
KIRKMAN & SCOTT

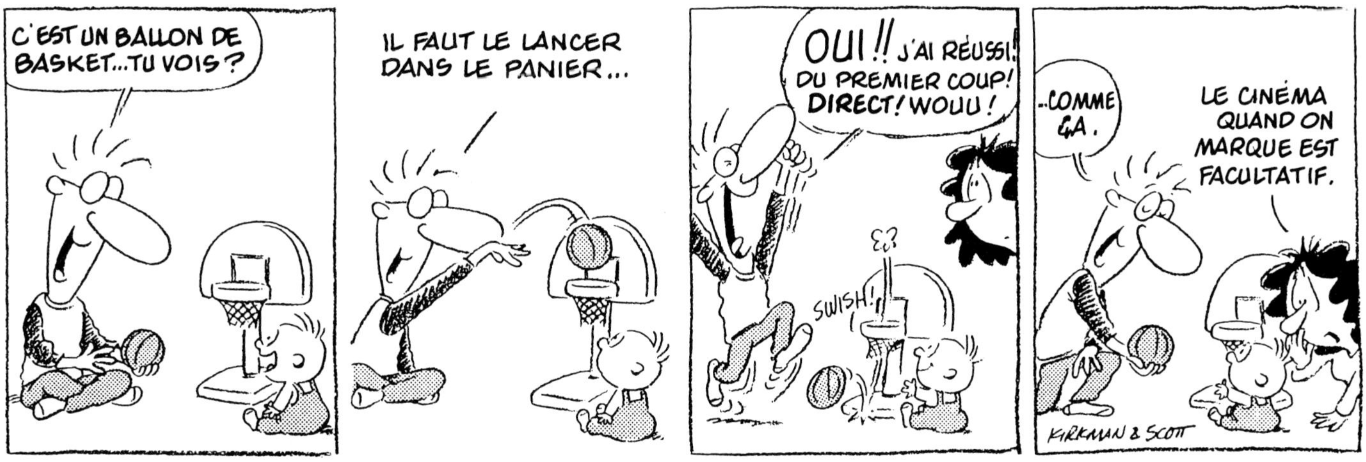
C'EST UN BALLON DE BASKET...TU VOIS?
IL FAUT LE LANCER DANS LE PANIER...
OUI!! J'AI RÉUSSI! DU PREMIER COUP! DIRECT! WOUU!
SWISH!
..COMME ÇA.
LE CINÉMA QUAND ON MARQUE EST FACULTATIF.
KIRKMAN & SCOTT

WANDA, JE VAIS CHERCHER DU LAIT ET JE PRENDS TA VOITURE.
OK! MERCI, CHÉRI!
PAPIERS DE BONBON... ENVELOPPES.. MAQUILLAGE... JOUETS.. MONNAIE...
CE N'EST PLUS UNE VOITURE... C'EST UN GROS SAC À MAIN!
KIRKMAN & SCOTT

BÉBÉ BLUES®

RICK KIRKMAN / JERRY SCOTT

COMMENT ÇA AVANCE ?
PLUTÔT BIEN... DU COURRIER ?
TAP TAP TAP
UNE LETTRE DES CROLLE. ILS EN PROFITENT POUR NOUS DIRE QUE VIOLETTE A DÉJÀ UN VOCABULAIRE DE DIX MOTS.
C'EST PAS VRAI ?
BIEN... J'ANNONCE TROIS DENTS ET UNE CROISSANCE AVANCÉE.
TAPATAPA TAP TAP TAP TAP TAP TAP BEEP TAP TAP TAP TAP
TAPPITY TAP TAPPA TAP TAP TAP TAP TAP TAP TAP TAP TAP
LES CARTES DE VOEUX ... LE POKER MENTEUR PAR COURRIER INTERPOSÉ.
KIRKMAN & SCOTT

Cher amis,
1994 a été une année riche et passionnante.
TAP TAP TAP TAP TAP TAP TAP BEEP
Daniel et moi travaillons dur,
et Justine : ☒ Apprend à se mettre debout
☐ Entre à l'école.
☐ Est bachelière.
☐ Prépare sa thèse.
TAP TAP TAP TAP BEEP TAP TAP TAP
KIRKMAN & SCOTT
EUH...
SI TU CROIS QUE JE VAIS RECOMMENCER TOUS LES ANS, TU ES FOU !

(HEUHEM) J'AI MANGÉ DE LA GLACE ET J'AI MIS MA COUPE DANS LE LAVE-VAISSELLE !
A L'INSTANT ! DE MOI-MÊME ! SANS QU'ON ME LE DEMANDE !
KIRKMAN & SCOTT
FÉLICITATIONS.
PENDANT UNE MINUTE J'AI CRU QU'ELLE N'ALLAIT PAS LE REMARQUER !

BANG!
ZANG!
YEEEEEE!
BOUM!
BAM
YAHOU! YAHOU!
BAABAA PA!
CLANG
CLANG!
BUSINESS
QU'EST-CE QUE C'EST?
LE SILENCE!
KIRKMAN & SCOTT
BANG!
WHAM!
BING!
CHANG!
WOUWOU!
BOUM
OH!
WOOOOO!
WOOO!
BAM
WHAM!
CLANG
BUSINESS

ÇA COMMENCE À RESSEMBLER À NOËL.
DU MOINS EN ZONE ADULTE!
KIRKMAN & SCOTT
CHRISTMAS DECORATIONS

ON METTRA MES PARENTS DANS NOTRE CHAMBRE, TES PARENTS DANS CELLE DU JUJU, ET NOUS, ON DORMIRA DANS LE CANAPÉ.
QUOI? C'EST ATROCE! POURQUOI DEVRIONS-NOUS DORMIR DANS LE CANAPÉ?
PARCE QUE NOUS SOMMES PLUS JEUNES QU'EUX.
COMMENT PEUX-TU IMAGINER DE LAISSER TES PARENTS OU LES MIENS SOUFFRIR DE LA SORTE!
KIRKMAN & SCOTT
ILS SONT PARENTS DEPUIS PLUS DE TRENTE ANS. ILS SONT EXPERTS DANS L'ART DE SOUFFRIR!

BÉBÉ BLUES®

RICK KIRKMAN / JERRY SCOTT

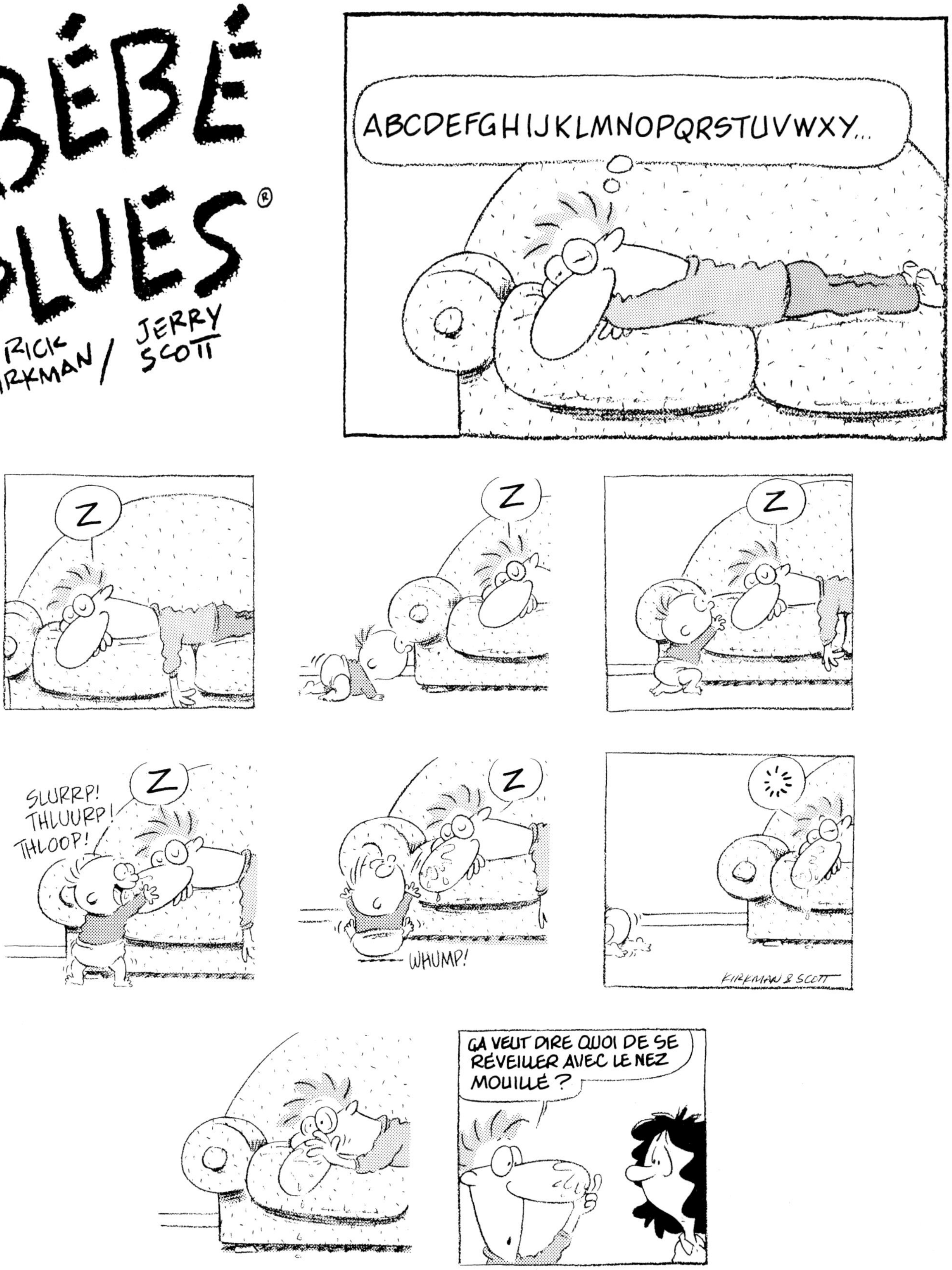

700 FRANCS ! COMMENT PEUT-ON EN AVOIR POUR 700 FRANCS DE COURSES !
JE SAIS !
PEUT-ÊTRE QUE SI NOUS EN GLISSIONS UN MOT À NOS PARENTS, ILS PARTICIPERAIENT POUR NOUS AIDER.
BONNE IDÉE !
DA-NIEL !
DONATIONS
KIRKMAN & SCOTT

SI JE NE M'ABUSE, CETTE CHIPS DATE D'AVANT JUSTINE !
TAIS-TOI ET PASSE L'ASPIRATEUR.
ARCHÉOLOGIE DE SALON.
KIRKMAN & SCOTT

NOUS VOILÀ !
ZIP !
OH, BONJOUR !
KIRKMAN & SCOTT

OÙ VAS-TU NOUS METTRE, CHÉRIE ?
MAT ET PAULINE PRENDRONT LA CHAMBRE DE JUJU, TOI ET PAPA LA NÔTRE, ET DANIEL ET MOI DORMIRONS DANS LE CANAPÉ-LIT.
MA CHÉRIE, TU ES SÛRE ? NOUS NE VOUDRIONS PAS VOUS PRIVER DE VOTRE LIT...
NOUS INSISTONS !
LE MATELAS DU CANAPÉ EST EXCEPTIONNEL !
"EXCEPTIONNEL"... ON PEUT LE VOIR COMME ÇA.
C'EST JUSTE POUR DEUX SEMAINES.
KIRKMAN & SCOTT

LA CHÉRIE DE MAMIE MANGE UN BISCUIT...
REC
...ET LÀ, ELLE MARCHE À QUATRE PATTES...
REC
LE DERNIER PROGRÈS : ELLE SE MET DEBOUT !
REC
VOILÀ PAPA. FAIS BONJOUR, PAPA !
KIRKMAN & SCOTT
LA MAMICAM

PAULINE ! REGARDEZ-ÇA ! JUSTINE MÂCHOUILLE LE PIED DE SA POUPÉE !
BISE TOUCHE CÂLIN BISOU BISE TOUCHE TOUCHE BISE BISE TOUCHE BISOU BISE BISE CÂLIN BISE BISE TOUCHE TOUCHE
JUSTINE ! QUE T'EST-IL ARRIVÉ ?
LA MÉMÉMANIA
KIRKMAN & SCOTT

BÉBÉ BLUES®

RICK KIRKMAN / JERRY SCOTT

POUF ! IL FALLAIT QUE CE SOIT FAIT ! RENTRONS VITE, ON GÈLE, DEHORS !
ALLEZ ! C'EST MON TOUR DE LA TENIR !
REGARDE CE QUE TU AS FAIT... ELLE PLEURE !
AMENEZ-LA MOI ! ELLE VEUT SON PAPY MAT !
ET SI ON CHANTAIT DES CANTIQUES DE NOËL ?
D'UN AUTRE CÔTÉ...
KIRKMAN & SCOTT

C'EST FORMIDABLE D'ÊTRE TOUS RÉUNIS POUR NOËL. JE NE POURRAIS RIEN DEMANDER DE PLUS !
VRAIMENT RIEN, CHÉRIE !
C'EST SÛR !
MMM !
À PART QUELQUES CHAISES SUPPLÉMENTAIRES, PEUT-ÊTRE !
OUI !
CERTES !
KIRKMAN & SCOTT

POURQUOI NE NOUS AVEZ-VOUS JAMAIS ACHETÉ AUTANT DE CADEAUX QUAND NOUS ÉTIONS PETITS ?
NOUS NE VOULIONS PAS VOUS GÂTER !
KIRKMAN & SCOTT

HÉ ! À LA QUEUE !
C'EST FINI, PAULINE !
ALLEZ, REMUE-TOI, GRAND-MÈRE !
ÇA N'ARRIVERAIT PAS SI VOUS AVIEZ UN AUTRE BÉBÉ...
KIRKMAN & SCOTT

BONSOIR, M'MAN. BONSOIR, P'PA. BONSOIR, HUGO. BONSOIR, MAGUY.
BONSOIR, CHÉRI. BONSOIR, MON FILS. BONSOIR, MAC PHERSON. BONSOIR, DANIEL.
PFFF
DÉCEMBRE
TU TE RENDS COMPTE QUE NOS PARENTS SONT LÀ DEPUIS UNE SEMAINE ! OÙ PASSENT LES JOURS ?
JE VAIS TE DIRE... ILS SE CACHENT SOUS CE MATELAS.
KIRKMAN & SCOTT

M'MAN, P'PA, C'ÉTAIT SUPER !
M'MAN, P'PA, C'ÉTAIT SUPER !
ON A VRAIMENT PASSÉ UN BON MOMENT, NON ?
ON A VRAIMENT PASSÉ UN BON MOMENT, NON ?
JE N'OUBLIERAI JAMAIS CE NOËL !
JE N'OUBLIERAI JAMAIS CE NOËL !
ON DEVRAIT RECOMMENCER L'AN PROCHAIN !
NON.
KIRKMAN & SCOTT

BÉBÉ BLUES®
RICK KIRKMAN / JERRY SCOTT
SNIF!
SNIF!
KIRKMAN & SCOTT
?

BÉBÉ BLUES®

RICK KIRKMAN / JERRY SCOTT

TU PARIES ?
TENU.
PAT PAT PAT PAT PAT PAT PAT PADAPAT! PAT PAT PAT PAT PAT PAT...
PADAPAT–PAT! PAT! PAT! PADDA PADDA PAT-PAT... PAT! PAT!
D'ACCORD, TU AS GAGNÉ... TU TE SOUVIENS DU SOLO DE BATTERIE DE " IN A GADDA DA VIDA".
BURP!
KIRKMAN & SCOTT

UN PETIT GÂTEAU POUR MA BELLE JUSTINE AVEC PLEIN DE BEURRE ET DE LA FARINE.
AVEC DE LA CRÈME ET BEAUCOUP DE SUCRE. ON LE MET AU FOUR POUR MA PETITE PUCE !
KIRKMAN & SCOTT
ENCORE DU GÂTEAU ?
IL FAUT TROUVER UNE NOUVELLE COMP-TINE !

NE BOUGE PAS! ARRÊTE! JUJU! STOP!
KIRKMAN & SCOTT
BOUGE, JUSTINE! RAMPE! FAIS QUELQUE CHOSE !

OOH! REGARDE!
OH! J'AI ENCORE VU LA PUB HIER!
QUELLE BELLE COULEUR! TU AS VU LA CARROSSERIE?
IL PARAÎT QU'ELLE TIENT BIEN LA ROUTE... REGARDE CES PNEUS!
OUAIS...
BON...
UN JOUR...
Entrez et essayez les nouveaux modèles
KIRKMAN & SCOTT

YEEEEYEEEEE
YEEEEYEE
EEEE
AMBULANCE.
?
KIRKMAN & SCOTT

ÇA FAIT UN DRÔLE D'EFFET, NON?
OUI... RECOMMENCE.
KIRKMAN & SCOTT
DANIEL ET WANDA S'ÉTONNENT EN COEUR DE LA PREMIÈRE PHRASE PRONONCÉE SANS LE MOT "BÉBÉ" DEPUIS DES SEMAINES.

BÉBÉ BLUES®
RICK KIRKMAN / JERRY SCOTT
MON NOM EST MAMAN
MON NOM EST PAPA
MAMAN PAPA
JE SUIS SÛRE QU'ELLE NOUS PARLE.
OH, ABSOLUMENT!
MAMAN PAPA MAMAN PAPA
LES EXPERTS PEUVENT DIRE CE QU'ILS VEULENT, CE NE SONT PAS DE SIMPLES VOCABLES: ELLE RECONNAÎT PAPA ET MAMAN
JE NE SERAIS PAS SURPRIS QU'ELLE SOIT DOUÉE.
MAMAN MAMANMA PA PAPA PAPA PA
MAMAN PAPA MAMAN PAPA
KIRKMAN & SCOTT

ÇA NE VA PAS?
JE SUIS MALADE
PIF! DONG!
MALADE? LE MATIN? DES NAUSÉES MATINALES? WANDA! TU N'ES PAS...
NON! JE NE SUIS PAS ENCEINTE... J'AI LA GRIPPE!
OH, MERCI MON DIEU!
TU AS ENTENDU ÇA? MAMAN A LA GRIPPE!
JE SUIS CONTENTE DE T'AVOIR FAIT PLAISIR!
KIRKMAN & SCOTT

JE CROIS QUE JE VAIS MOURIR! (COF! COF!)
JE PRÉVIENS LE BUREAU QUE JE N'IRAI PAS ET JE M'OCCUPE DE JUSTINE.
MERCI DANIEL. JE NE PENSE PAS QUE J'AURAIS PU M'EN SORTIR SEULE!
TU RESTES COUCHÉE ET TU TE REPOSES. JE FERAI MANGER JUSTINE, JE LA CHANGERAI, JE FERAI LE MÉNAGE ET LA CUISINE.
OÙ SONT LES PETITES CUILLÈRES?
KIRKMAN & SCOTT

OK, JUJU... MAMAN EST MALADE, ON DOIT SE DÉBROUILLER
EN FAIT LE TRAVAIL SE DIVISE EN DEUX TÂCHES DISTINCTES: 1/ S'OCCUPER DE MAMAN ET DE LA MAISON. 2/ ÉVITER LES ENNUIS.
TU PRENDS LAQUELLE?
KIRKMAN & SCOTT

OUH ! AÏE ! ÇA SUFFIT, JUSTINE !
PAF ! PAF ! BLAM !
PAPA A BEAUCOUP À FAIRE PENDANT QUE MAMAN EST MALADE ! RESTE TRANQUILLE.
JE VAIS PLUTÔT TE METTRE DEVANT, POUR GARDER UN ŒIL SUR TOI !
KIRKMAN & SCOTT
PAF ! PAF ! BLAM !

COMMENT TE SENS-TU, WANDA ?
LESSIVÉE ! COMMENT ÇA SE PASSE POUR VOUS ?
PAS MAL. J'AI JUSTE UNE QUESTION À TE POSER...
POURQUOI MOI ?
REFUSÉE. PAS DE FIGURES DE RHÉTORIQUE QUAND JE SUIS MALADE.
KIRKMAN & SCOTT

REGARDE ! MAMAN EST DEBOUT !
HI.
JE ME SENS MIEUX AUJOURD'HUI, ALORS J'AI PENSÉ QUE JE POURRAIS M'EN SORTIR ET QUE TU POURRAIS REPRENDRE LE...
...TRAVAIL.
VROUUM !
WOOUF !
VLAN ! ¡¡¡¡¡¡!
KIRKMAN & SCOTT

QU'EST-CE QUE TU AS, DANIEL ? ON DIRAIT QUE TU AS VU UN FANTÔME !
IL Y A UNE RUMEUR AU BUREAU... UN MOT EN "L"...
KIRKMAN & SCOTT
LESSIVE ?... LACTATION ?... LAXATIF ?...
LICENCIEMENT !
OH... CE "L" LÀ.

IL VA Y AVOIR DES LICENCIEMENTS DANS TON SERVICE ?
C'EST CE QU'ON DIT !
MAIS POURQUOI ? COMMENT ? QUAND ? QUI ?
PERSONNE NE LE SAIT ! C'EST JUSTE UNE RUMEUR.
ILS N'ONT QU'À TE LICENCIER ! ILS LE REGRETTERONT ! ON S'EN SORTIRA SANS EUX !
OUAIS !
KIRKMAN & SCOTT
BIEN SÛR, NOUS PERDRIONS LA MUTUELLE
D'UN AUTRE CÔTÉ, UN PEU DE SERVILITÉ N'A JAMAIS FAIT DE MAL.

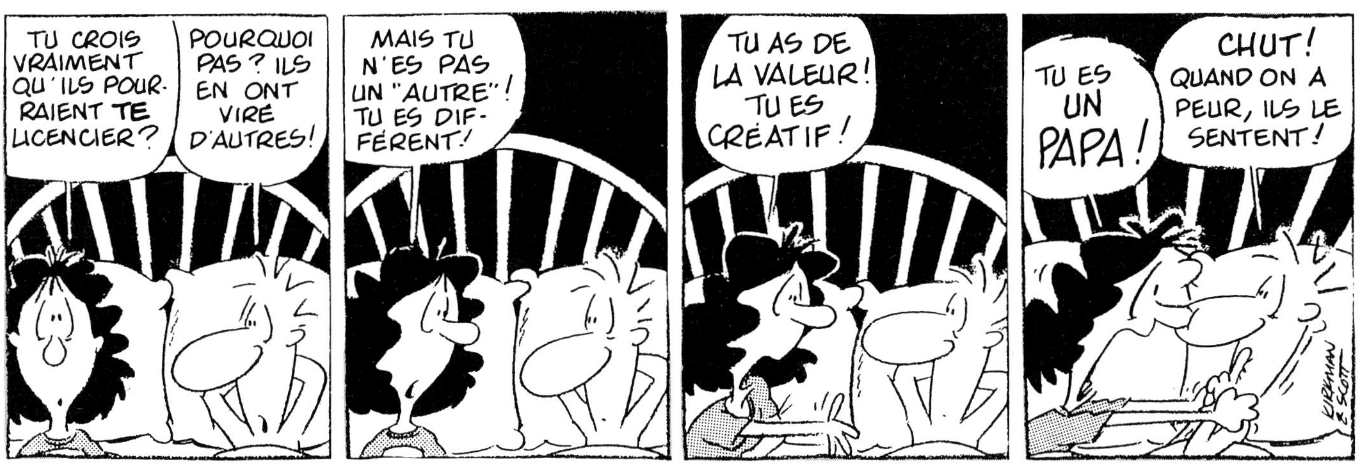
TU CROIS VRAIMENT QU'ILS POURRAIENT TE LICENCIER ?
POURQUOI PAS ? ILS EN ONT VIRÉ D'AUTRES !
MAIS TU N'ES PAS UN "AUTRE" ! TU ES DIFFÉRENT !
TU AS DE LA VALEUR ! TU ES CRÉATIF !
TU ES UN PAPA !
CHUT ! QUAND ON A PEUR, ILS LE SENTENT !
KIRKMAN & SCOTT

DIS, DANIEL, SUPPOSONS QUE TU SOIS LICENCIÉ !... QUE POURRIONS-NOUS FAIRE POUR LA MUTUELLE ?
BONNE QUESTION !
POUR NOUS RASSURER, JE VAIS DEMANDER À STAN S'IL SAIT COMBIEN ÇA NOUS COÛTERAIT DE LA GARDER... NE QUITTE PAS.
COUCOU, JUJU !
KIRKMAN & SCOTT
DISONS QUE JE NE M'Y ATTENDAIS PAS.
ALORS ?

JE ME SUIS DIT QUE SI TU ÉTAIS LICENCIÉ, PEUT-ÊTRE QUE CE NE SERAIT PAS LA FIN DU MONDE.
PEUT-ÊTRE QUE CE SERAIT L'OCCASION POUR CHANGER DE VOIE... POUR FAIRE QUELQUE CHOSE DONT TU AS TOUJOURS EU ENVIE !
QU'EST-CE QUE TU AURAIS AIMÉ FAIRE ?
COW-BOY !
KIRKMAN & SCOTT
BON. PEUT-ÊTRE QUE CE SERAIT LA FIN DU MONDE...

ALLEZ, JUSTINE... PASSE LE BALLON À MAMAN !
PASSE À MAMAN ! PASSE À MAMAN ! PASSE À MAMAN ! PASSE À MAMAN ! PASSE À MAMAN ! PASSE À MAMAN ! PASSE À MAMAN ! PASSE À MAMAN ! PASSE À MAMAN ! PASSE À MAMAN ! PASSE À MAMAN ! PASSE À MAMAN !
ELLE M'A COMPRISE !
PLOP !
KIRKMAN & SCOTT

BÉBÉ BLUES®

RICK KIRKMAN / JERRY SCOTT

Achevé d'imprimer en France par Pollina, 85400 Luçon - n° 76059 — Dépôt légal : décembre 1995

QU'EST-CE QUE TU FAIS?
UN PETIT CALCUL!
SUPPOSONS QUE JE SOIS LICENCIÉ... SI ON FAIT ATTENTION, JE PENSE QU'ON AURA ASSEZ D'ARGENT POUR VIVRE ET PAYER LES FACTURES PENDANT QUE JE CHERCHE DU TRAVAIL.
KIRKMAN & SCOTT
VRAIMENT? C'EST SUPER!
... À CONDITION QUE QUELQU'UN M'EMBAUCHE DANS LES QUARANTE-CINQ MINUTES QUI SUIVENT.

COMMENT ÇA SE PASSE AUJOURD'HUI?
SINISTRE!
TOUT LE MONDE EST À CRAN ET ATTEND DE SAVOIR QUI SERA LE PROCHAIN.
JE T'ASSURE, C'EST UN CHAMP DE BATAILLE ICI!
KIRKMAN & SCOTT
PAS VRAI, LOUIS?
HALTE! QUI VA LÀ?

OÙ EST SIMON?
VIRÉ. HIER.
SIMON? MON VIEUX COPAIN, SIMON??
OH, SIMON! SIMON! SIMON!
SNIF! SNIF!
...MIEUX VAUT TOI QUE MOI.
KIRKMAN & SCOTT

ALLÔ, WANDA. J'AI UNE BONNE ET UNE MAUVAISE NOUVELLE.
LA BONNE NOUVELLE, C'EST QUE JE NE SUIS PAS LICENCIÉ. LE SERVICE EST RÉORGANISÉ, ET TOUT VA BIEN.
GÉNIAL! ET LA MAUVAISE NOUVELLE?
KIRKMAN & SCOTT
JE TRAVAILLE POUR UN SCHTROUMPF
NOUS PRÉFÉRONS ÊTRE APPELÉES DES "JEUNES FEMMES" SI ÇA NE VOUS ENNUIE PAS.

ALORS, VOUS ÊTES MON NOUVEAU PATRON?
ON DIRAIT!
VOUS ÊTES MARIÉE?
OUI
DES ENFANTS?
NON
JAMAIS DIVORCÉE?
NON.
QUEL ÂGE AVEZ-VOUS?
PAS DE QUESTIONS PERSONNELLES, MON POTE!
KIRKMAN & SCOTT

ALORS, TON NOUVEAU PATRON EST PLUS JEUNE QUE TOI, HEIN?
PLUS JEUNE? C'EST UNE GOSSE! UNE NAINE! UNE GAMINE! UNE MORVEUSE!
UNE JEUNETTE! UNE MÔME! UNE ENFANT! UNE FRIMEUSE!
UNE FEMME?
KIRKMAN & SCOTT
UNE PROFESSIONNELLE! UNE EXPERTE! UN PRODIGE! UNE MERVEILLE!

BÉBÉ BLUES®
RICK KIRKMAN / JERRY SCOTT
MON PAPA M'A HABILLÉE.

WANDA, EST-CE QUE LE HAUT BLEU DE JUSTINE VA AVEC LE COLLANT VIOLET ?
ÇA DÉPEND... TU VEUX DIRE LE VIOLET-VIOLET, LE VIOLET-BLEU, OU LE MAUVE ?
SI C'EST LE VIOLET-VIOLET, OUI. SI C'EST LE VIOLET-BLEU, NON. SI C'EST LE MAUVE, ÇA DÉPEND QUEL RUBAN TU LUI METS DANS LES CHEVEUX, MAIS QU'IMPORTE, PUISQUE JUJU DÉTESTE LE COLLANT MAUVE !
OH
D'AUTRES QUESTIONS ?
JUSTE UNE...
C'ÉTAIT UN OUI OU UN NON ?
KIRKMAN & SCOTT

TA FILLE PLEURE.
WAAAA
TIENS? C'EST DRÔLE, ON AURAIT DIT TA FILLE.
HA! BIEN VU! MAIS IL EST PLUS DE TROIS HEURES, C'EST TA FILLE.
RIEN DU TOUT. JE FAIS MINUIT-TROIS HEURES ...APRÈS, C'EST TA FILLE.
ATTENDS! ELLE S'EST ARRÊTÉE! ELLE S'EST RENDORMIE TOUTE SEULE!
MA PETITE FILLE!
KIRKMAN & SCOTT

JUSTINE EST UN PEU AMORPHE, CE SOIR... JE ME DEMANDE SI ELLE EST MALADE.
NON, JE CROIS QUE C'EST AUTRE CHOSE.
RÉFLÉCHIS... CES DERNIÈRES SEMAINES, ELLE A FAIT UNE AUTRE DENT, ELLE A ÉTÉ EXCITÉE ET GÂTÉE PAR SES GRANDS-PARENTS, ET ELLE A APPRIS À SE METTRE DEBOUT!
TU VEUX DIRE...?
BÉBÉ À PLAT.
Z
KIRKMAN & SCOTT

ÇA VA ÊTRE UNE SOIRÉE PARFAITE... DIRECTEMENT SORTIE D'UN MAGAZINE.
JE SUIS COIFFÉE COMME LES FEMMES QUI FONT LA UNE DE "PARENTS"...
FZZT! FZZT!
... LE DÎNER EST UNE RECETTE DE "SAVEURS", J'AI MIS UNE ROBE VUE DANS "FEMME ACTUELLE"...
KIRKMAN & SCOTT
... ET LA MAISON RESSEMBLE À UN ARTICLE DE "RECYCLAGE SÉLECTIF".

BON DÉVELOPPEMENT MUSCULAIRE... DEXTÉRITÉ... BONNE COORDINATION...
BOURSE SPORT-ÉTUDES.
KIRKMAN & SCOTT

LE MENTON... LE NEZ... LES YEUX...
PAF!
AÏE!
TIENS, À TOI.
MOI?? J'EN SORS JUSTE!
PEUT-ÊTRE QUE NOUS DEVRIONS CHANGER DE JEU...
KIRKMAN & SCOTT

ÇA N'ARRÊTE JAMAIS!
ELLE EST FATIGUÉE ... ON POURRAIT ESSAYER DE L'ENDORMIR.
OUIIN!
♪ FAIS DODO, JUJU MA P'TITE FILLE ♫
TU AS SOMMEIL...
OUIIN
♪ FAIS DODO T'AURAS DU LOLO ♪
SOMMEIL... SOMMEIL...
OUINN
KIRKMAN & SCOTT
?
Z
BABA NUMMA MAMA
Z

BÉBÉ BLUES®

RICK KIRKMAN / JERRY SCOTT

OUA OUA ! BA DA BA OUIII !
CLANG! BANG! CLANG!
AAAAAA, BÉÉÉÉÉÉ BABOUUU BAAABOU !
SLURP !
CAFÉ OU JUS DE FRUITS ?
OUAA ! BABA ! GABA !
COMME ELLE.
KIRKMAN & SCOTT

... PUIS J'AI PASSÉ L'ASPIRATEUR SANS VOIR QUE J'AVAIS DE LA BANANE SOUS MA CHAUSSURE, ET J'EN AI MIS PLEIN LA MOQUETTE.
BIEN SÛR, PENDANT CE TEMPS, LE LAIT DÉBORDAIT, QUELQU'UN SONNAIT À LA PORTE, ET LA MACHINE À LAVER A EU UNE FUITE.
PUIS JUSTINE S'EST RÉVEILLÉE ET C'EST DEVENU APOCALYPTIQUE.
AH !
KIRKMAN & SCOTT
LE BON CÔTÉ DE DANIEL, C'EST QU'IL EST TOUJOURS CONTENT DE VENIR TRAVAILLER.

SALUT, WANDA. COMMENT VA LA PUCE ?
BIEN !
TIENS ! BONJOUR ! COMMENT VA LE BÉBÉ ?
TRÈS BIEN.
'JOUR, MME WANDA ! COMMENT VA BÉBÉ CES JOURS-CI ?
SUPER.
JE VAIS BIEN AUSSI MERCI !
KIRKMAN & SCOTT

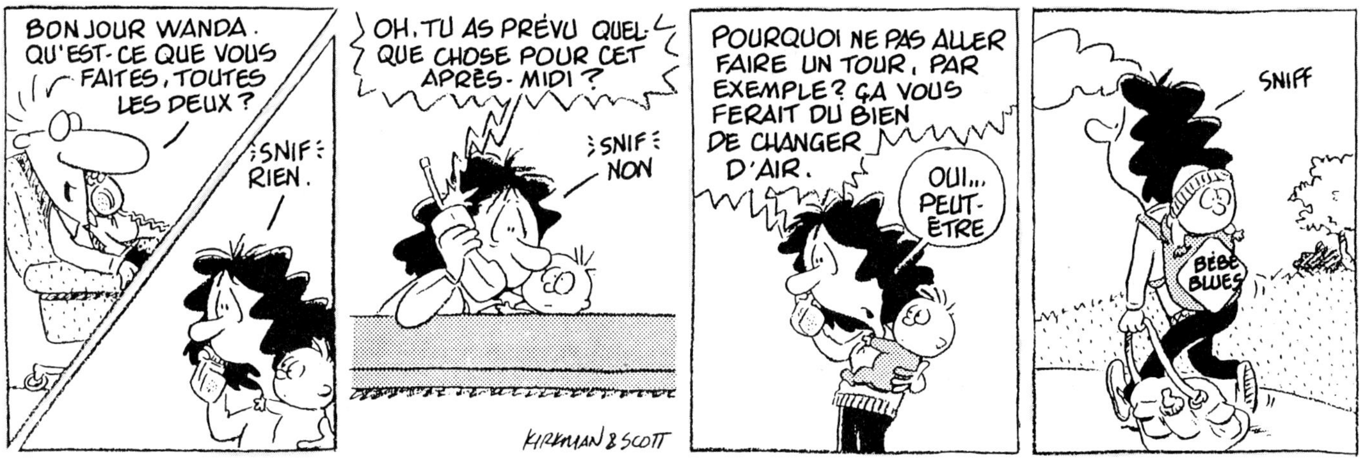
BONJOUR WANDA. QU'EST-CE QUE VOUS FAITES, TOUTES LES DEUX ?
SNIF RIEN.
OH, TU AS PRÉVU QUELQUE CHOSE POUR CET APRÈS-MIDI ?
SNIF NON
POURQUOI NE PAS ALLER FAIRE UN TOUR, PAR EXEMPLE ? ÇA VOUS FERAIT DU BIEN DE CHANGER D'AIR.
OUI... PEUT-ÊTRE
SNIFF
BÉBÉ BLUES
KIRKMAN & SCOTT

MOMANABABAGAGA MAMADO MOMOMO...
MO MO MO MO MO MO MO MO
KIRKMAN & SCOTT
MOMOMOMOMO...
... MOMANABA BAGAGAMA NANA...

NOUS DEVRIONS NOUS FIXER UN BUT.
TIENS... JE PENSAIS LA MÊME CHOSE.
J'AIMERAIS QUE NOUS ÉCONOMISIONS ASSEZ TOUS LES MOIS POUR POUVOIR FINANCER LES ÉTUDES DE JUJU LORSQU'ELLE AURA SON BAC.
KIRKMAN & SCOTT
OU ALORS, ON POURRAIT REPASSER ET RANGER CETTE LESSIVE AVANT CE SOIR !
HÉ ! SOYONS RÉALISTES

BÉBÉ BLUES®
RICK KIRKMAN / JERRY SCOTT
REÇU:
#2 entrées 39,50
#2 plats du jour 88
2 cafés 12
DOMMAGES 137
TOTAL Merci 276,50
1705 MONTANT DATE
OK... J'AI MON SAC... OÙ SONT MES CLEFS ?
TU LES AS DONNÉES À JUSTINE POUR QU'ELLE JOUE AVEC.
SUPER. AS-TU VU LE SAC DE COUCHES ?
IL ÉTAIT DERRIÈRE. OÙ EST SA COUVERTURE ?
JE NE L'AI PAS VUE... EST-CE QU'ON L'A AMENÉE ?
ATTENTION ! TU METS TA MANCHE DANS LE KETCHUP !
ENCORE ! OÙ AVONS-NOUS MIS LES LINGETTES ?
ELLES SONT AVEC LE SAC DE COUCHES, OÙ QU'IL SOIT...
BONJOUR ! PUIS-JE PRENDRE LA COMMANDE ?
KIRKMAN & SCOTT
C'EST LE PROBLÈME QUAND ON DÉJEUNE DEHORS...
QUAND NOUS SOMMES PRÊTS À PARTIR, C'EST L'HEURE DE DÎNER.
MENU

BÉBÉ BLUES®
RICK KIRKMAN / JERRY SCOTT

QUELLE EST LA TAILLE DE MA PUCE? -É-É-ÉNORME
QUELLE EST LA TAILLE DE MON BÉBÉ? É-É-É-ÉNORME!
QUELLE EST LA TAILLE DE MON POUSSIN?
DIS-MOI FRANCHEMENT ...COMMENT SONT MES FESSES DANS CE PANTALON?
É-É-É-ÉNORME!
QU'EST-CE QUE TU DIRAIS DE PASSER À "LA TOUTE PETITE PUPUCE" POUR UN MOMENT?
KIRKMAN & SCOTT

YAAAGH!
WAMA DADAGEEK EEGEEP.
DES NATTES !
MERCI MON DIEU !
UN INSTANT, J'AI CRU QU'IL LUI ÉTAIT POUSSÉ DES ANTENNES.
KIRKMAN & SCOTT

TIENS JUJU ! UNE CUILLÈRE COMME MAMAN.
BLANG ! BLANG ! BLANG ! BLANG !
BLANG! BLANG! BLANG! BLANG! BLANG! BLANG! BLANG! BLANG! BLANG! BLANG! BLANG!
RAYON BEBE
UNE CUILLÈRE MATELAS-SÉE ?
KIRKMAN & SCOTT

MMMF ! SMACK ! SMACK ! DÉLICIEUX !
JUSTINE ! DONNE-MOI CETTE CHOSE DÉGOÛTANTE !
COMMENT A-T-ELLE MIS LA MAIN LÀ-DESSUS ? SI TU SAVAIS OÙ JE L'AI TROUVÉ CE MATIN, TU TOMBERAIS RAIDE MORT !
KIRKMAN & SCOTT
AU MOINS, ELLE NE L'A PAS MIS À LA BOUCHE...
EUH... EST-CE QU'IL NOUS RESTE BEAUCOUP DE DENTIFRICE ?

ALLEZ JUJU... SI TU MANGES TES CÉRÉALES, TU AURAS DE LA COMPOTE POUR DESSERT !
IL NE FAUT PAS LA FAIRE ATTENDRE.
QUOI ??
UTILISER LES DESSERTS COMME RÉCOMPENSE PEUT MENER À L'OBÉSITÉ OU À DES TROUBLES ALIMENTAIRES GRAVES.
MAIS SI JE LUI DONNE LES PRUNES D'ABORD, ELLE NE MANGERA PAS SES CÉRÉALES.
ET ALORS ? TU PRÉFÈRES AVOIR UN ENFANT BIEN PORTANT OU UNE ASSIETTE VIDE ?
POURQUOI AVOIR DES ENFANTS SI ON NE PEUT PLUS LEUR IMPOSER CE QUI EST BON POUR EUX ?
SLURP!
KIRKMAN & SCOTT

VIENS FAIRE AU REVOIR À MAMAN !
FAIS UN BISOU À MAMAN !
JE SERAI DE RETOUR DANS DEUX HEURES.
AMUSE-TOI BIEN !
KIRKMAN & SCOTT

ALLEZ... DOUCEMENT ... DOUCEMENT... ÇA Y EST... ATTENTION...
OUI ! J'AI RÉUSSI ! JUSTINE A MANGÉ UNE BOUCHÉE DE LÉGUMES VERTS !
SPLATCH!
KIRKMAN & SCOTT
COMMENT ? JE N'AI PAS ENTENDU.
J'AI DIT : "APPORTE-MOI UNE SERVIETTE."

BÉBÉ BLUES®

RICK KIRKMAN / JERRY SCOTT

QU'EST-CE QUE TU CHERCHES, JUJU ? TON NOUNOURS ? JE TE L'ATTRAPE.
TU VEUX ALLER JOUER LÀ-BAS ? PAPA VA T'AIDER.
DANIEL, ÉCOUTE ! COMMENT VEUX-TU QUE JUSTINE DEVIENNE AUTONOME SI TU NE LUI LAISSES RIEN FAIRE TOUTE SEULE ?
QUI A DIT QUE JE VOULAIS QU'ELLE SOIT AUTONOME ?
KIRKMAN & SCOTT

PARENTS !!
VOUS VOULEZ VOUS AMUSER ?
JOUEZ AU NOUVEAU JEU
Citez un objet dans la pièce que bébé n'a pas mis à la bouche.
CITEZ UN OBJET QUE BÉBÉ N'A PAS MIS À LA BOUCHE
KIRKMAN & SCOTT
EUH... LES CROCHETS À RIDEAUX ?
HA ! ENCORE FAUX, BALLOT !

LES COUCHES... LES COLÈRES... LES DENTS... PARFOIS, J'AIMERAIS QUE TU GRANDISSES PLUS VITE.
AUR VOIR.
PAS SI VITE !!!
KIRKMAN & SCOTT

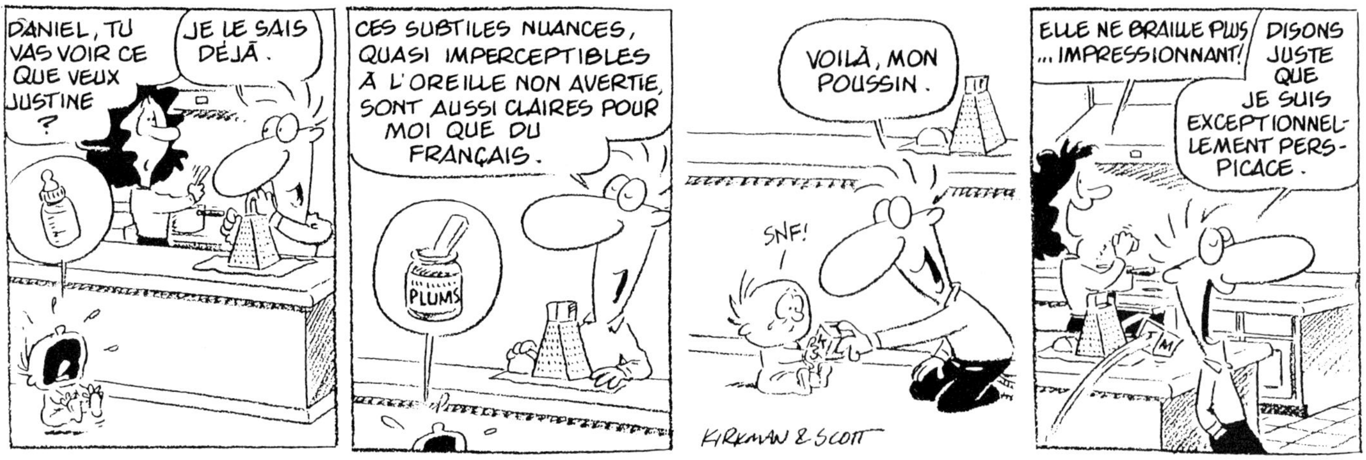
DANIEL, TU VAS VOIR CE QUE VEUX JUSTINE ?
JE LE SAIS DÉJÀ.
CES SUBTILES NUANCES, QUASI IMPERCEPTIBLES À L'OREILLE NON AVERTIE, SONT AUSSI CLAIRES POUR MOI QUE DU FRANÇAIS.
PLUMS
VOILÀ, MON POUSSIN.
SNF!
KIRKMAN & SCOTT
ELLE NE BRAILLE PLUS ... IMPRESSIONNANT!
DISONS JUSTE QUE JE SUIS EXCEPTIONNELLEMENT PERSPICACE.

VEUX-TU ALLER VOIR JUSTINE ?
D'ACCORD.
FAIS BIEN ATTENTION... SI ELLE T'ENTEND, ON EN A POUR UNE HEURE.
KIRKMAN & SCOTT
ELLE DORT

MINCE ! CES JEANS SONT TROP SERRÉS !
J'EN AI ASSEZ ! JE VAIS PERDRE CINQ KILOS, MÊME SI J'EN CRÈVE !
KIRKMAN & SCOTT
UNE TARTE !
OK ! J'EN CRÈVE !

BÉBÉ BLUES®

RICK KIRKMAN / JERRY SCOTT

LÀ... LAISSE-MOI LA PRENDRE.
DIS "TCHAO TCHAO" BÉBÉ.
GIGOTATOR A ENCORE FRAPPÉ.
KIRKMAN & SCOTT

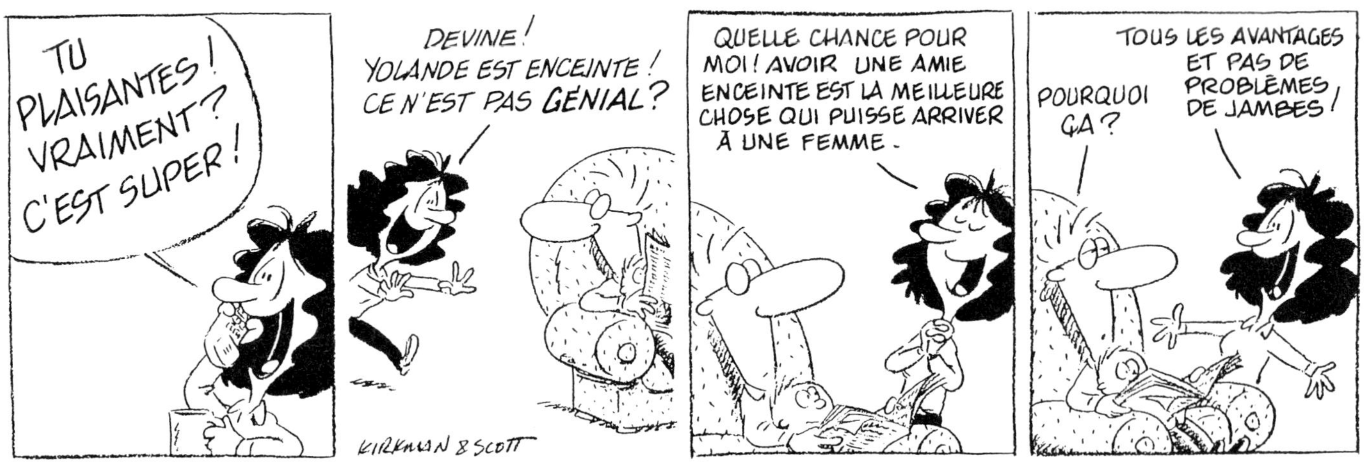
TU PLAISANTES ! VRAIMENT ? C'EST SUPER !
DEVINE ! YOLANDE EST ENCEINTE ! CE N'EST PAS GÉNIAL ?
KIRKMAN & SCOTT
QUELLE CHANCE POUR MOI ! AVOIR UNE AMIE ENCEINTE EST LA MEILLEURE CHOSE QUI PUISSE ARRIVER À UNE FEMME.
POURQUOI ÇA ?
TOUS LES AVANTAGES ET PAS DE PROBLÈMES DE JAMBES !

JE SUIS TELLEMENT HEUREUSE POUR TOI, YOLANDE !
JE SUIS HEUREUSE PARCE QUE JE POURRAI T'ÉPAULER PENDANT TA GROSSESSE... JE SUIS HEUREUSE DE TA JOIE D'ÊTRE ENCEINTE...
MAIS PLUS QUE TOUT, JE SUIS HEUREUSE QUE CE SOIT TOI ET PAS MOI !
TU N'ES PAS LA PREMIÈRE À ME LE DIRE...
KIRKMAN & SCOTT

JE N'ARRIVE PAS À RÉALISER QUE JE SUIS ENCEINTE, WANDA.
JE SAIS. C'EST BIZARRE, NON?
ET ÇA L'EST DE PLUS EN PLUS. QUAND J'ATTENDAIS JUJU, TOUT LE MONDE ME RACONTAIT DES HISTOIRES D'ACCOUCHEMENTS HORRIBLES.
OH, DUR!
MAIS NE T'EN FAIS PAS, YOLANDE, CE SERA DIFFÉRENT AVEC MOI.
TU VEUX DIRE QUE TU NE VAS PAS ME RACONTER DES HORREURS?
NON, JE VAIS TOUTES TE LES RACONTER D'UN COUP, COMME ÇA TU SERAS TRANQUILLE
TU ES UNE AMIE.
KIRKMAN & SCOTT

BÊTES NOCTURNES
CHOUETTE
OPOSSUM
RATON LAVEUR
SINGE DE BERCEAU
KIRKMAN & SCOTT

AS-TU REMARQUÉ QUE VÉRO ET BEN LAISSENT LA TÉTINE À BASILE LA PLUPART DU TEMPS?
ET IL EST SI EXIGEANT!
OUIIIN!
CE GARÇON A UN SALE CARACTÈRE, C'EST DINGUE!
PIF!
JE TE JURE... CERTAINES PERSONNES (AÏE) LAISSENT LEURS ENFANTS MENER LEUR VIE!
KIRKMAN & SCOTT

BÉBÉ BLUES®

RICK KIRKMAN / JERRY SCOTT

VOIR LES PROGRESSIONS DE JUSTINE EST SI FASCINANT !
DES HEURES D'EFFORTS CONSTANTS, PATIENTS, PERSISTANTS POUR AU BOUT DU COMPTE...
...TROUVER TOUJOURS LE MOYEN DE FAIRE UNE BÊTISE.
KIRKMAN & SCOTT

JE CROIS QUE J'AI DES VARICES !
KIRKMAN & SCOTT
ALLEZ, YOLANDE... DÉTENDS-TOI ! TU AS PROBABLEMENT BESOIN DE TE DÉTENDRE LES JAMBES...
OUAIS.
OH, JE CROIS QUE JE POURRAI M'Y FAIRE...
...TANT QUE RIEN DE PLUS GÊNANT OU DISGRACIEUX NE DÉFORME MON CORPS DURANT MA GROSSESSE...
IL FAUT QU'ON PARLE !

BON, YOLANDE... TU ES ENCEINTE DE CINQ MOIS, C'EST ÇA ?
C'EST ÇA !
ENCEINTE DANS LA JOIE
D'APRÈS LE LIVRE, LES NAUSÉES MATI-NALES DEVRAIENT PERSISTER.
C'EST VRAI.
TU ES TOUJOURS AUSSI ÉMOTIVE ?
OUAIS.
KIRKMAN & SCOTT
ET TU VAS AUX TOILETTES MOINS SOUVENT QU'AU DÉBUT...
RÉPÈTE ?

AH ! CEUX-CI ONT L'AIR D'ÊTRE ASSORTIS...
... ET CES SOCQUETTES VONT AVEC LE PULL.
MAMAN VA TOMBER PAR TERRE QUAND ELLE VA TE VOIR.
TU VOIS ?
KIRKMAN & SCOTT

J'AI DES VARICES !
ÇA VA EMPIRER.
JE ME SENS TOUT LE TEMPS FATIGUÉE.
ÇA VA EMPIRER.
J'AI PARFOIS LE CAFARD.
ÇA VA EMPIRER.
KIRKMAN & SCOTT
PARLE-MOI ENCORE DES JOIES DE LA GROSSESSE, TU VEUX ?
COMME QUAND ON TE DIT QUE C'EST LE MEILLEUR MOMENT DE TA VIE ?

ZZ ?
KIRKMAN & SCOTT

BÉBÉ BLUES®
RICK KIRKMAN / JERRY SCOTT
BONG!
BONG!
BONG! BONG! BONG! BONG!
OUUUIIIIIIIINN!
FAIS ATTENTION ...JE CROIS QUE TU LUI FAIS MAL.
KIRKMAN & SCOTT

BONG !
PARÉ ?
PARÉ !
OOO...
OOOOOUIIIIINNN !
KIRKMAN & SCOTT

POURQUOI LES HOMMES S'ENDORMENT-ILS TOUJOURS AVANT LES FEMMES ?
HÉ ! CHAIS-PAS.
IL DOIT Y AVOIR UNE RAISON... GÉNÉTIQUE OU CULTURELLE...
PEUT-ÊTRE QUE LES HOMMES N'ONT PAS AUTANT DE CHOSES EN TÊTE QUE LES FEMMES...
EN D'AUTRES TERMES, LES HOMMES PEUVENT SE FERMER AU STIMULI SUPERFLUS AFIN DE S'ENDORMIR PLUS VITE.
KIRKMAN & SCOTT
FASCINANT ! C'EST INCONSCIENT OU ÇA SE CONTRÔLE ?
ZZZ

OH ! QUEL ADORABLE BÉBÉ !
REGARDEZ SES YEUX !
ELLE EST SI MIMI !
J'EN VOUDRAIS UNE !
AAAH
KIRKMAN & SCOTT
OÙ ÉTAIS-TU QUAND J'ÉTAIS CÉLIBATAIRE ?

QUE SE PASSE-T-IL ?
JE CHERCHE UN MOYEN D'OUVRIR LA BOUCHE DE JUSTINE POUR LUI BROSSER LES DENTS.
OUIIIN !
OK, MAINTENANT TROUVE UN MOYEN DE LUI FERMER LA BOUCHE.
OUIIN !
KIRKMAN & SCOTT

YOLANDE EST CONTENTE D'ÊTRE ENCEINTE, MOMO ?
ELLE N'EST PAS "ENCEINTE" ...ELLE "ATTEND UN HEUREUX ÉVÉNEMENT."
OH.
ELLE ATTEND QUE JE FASSE LE MÉNAGE... QUE JE FASSE LA CUISINE... QUE JE LUI MASSE LES PIEDS.
OHH...
KIRKMAN & SCOTT

ALORS, YOLANDE EST QUELQUE PEU LUNATIQUE DEPUIS QU'ELLE EST ENCEINTE, C'EST ÇA ?
OH, OUI !
C'EST EFFRAYANT. À UN MOMENT ELLE EST HEUREUSE, ET LA MINUTE D'APRÈS, ELLE EST EN LARMES !
JE VAIS TE DIRE, JE N'EN PEUX PLUS.
J'AI HÂTE QUE LE BÉBÉ NAISSE POUR QUE LES CHOSES REDEVIENNENT NORMALES !
TU AS SIGNÉ SANS LIRE LES PETITES LIGNES, N'EST-CE PAS ?
KIRKMAN & SCOTT

BÉBÉ BLUES®

RICK KIRKMAN / JERRY SCOTT

ELLE EST SI BELLE.
OUI...
JE POURRAIS LA REGARDER COMME ÇA DES HEURES.
MOI AUSSI.
BIEN SÛR, QUAND ELLE EST RÉVEILLÉE, C'EST DIFFÉRENT.
ÇA, OUI.
Z
KIRKMAN & SCOTT

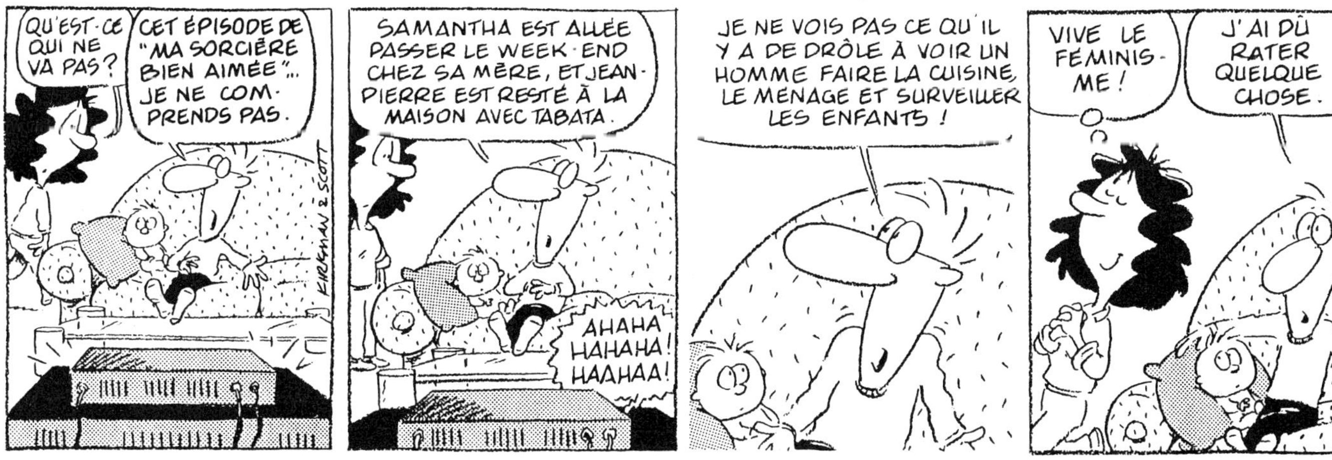
QU'EST-CE QUI NE VA PAS?
CET ÉPISODE DE "MA SORCIÈRE BIEN AIMÉE"... JE NE COMPRENDS PAS.
KIRKMAN & SCOTT
SAMANTHA EST ALLÉE PASSER LE WEEK-END CHEZ SA MÈRE, ET JEAN-PIERRE EST RESTÉ À LA MAISON AVEC TABATA.
AHAHA HAHAHA! HAAHAA!
JE NE VOIS PAS CE QU'IL Y A DE DRÔLE À VOIR UN HOMME FAIRE LA CUISINE, LE MÉNAGE ET SURVEILLER LES ENFANTS!
VIVE LE FÉMINISME!
J'AI DÛ RATER QUELQUE CHOSE.

BONJOUR CHÉRIE! COMMENT S'EST PASSÉE TA JOURNÉE?
AAAAAAAAGH!
SI VITE QUE ÇA?
KIRKMAN & SCOTT

AS-TU ENTENDU PARLER DE GENS QUI, PETITS, AVAIENT UN PENCHANT QUI LES A CONDUITS À FAIRE CARRIÈRE?
MMM-HMM
BLANG! CLAC! BOING!
TU SAIS, COMME LES CHARPENTIERS QUI JOUAIENT AVEC DES PLANCHES, OU LES PROFESSEURS QUI JOUAIENT À L'ÉCOLE.
QUE VEUX-TU DIRE?
BLAM! TCHAC! VLAN!
JE PENSE QUE JUSTINE A UN PENCHANT POUR LA MUSIQUE.
MES CD!!
KIRKMAN & SCOTT

C'EST LE PLUS BEAU BÉBÉ DU MONDE.
SI DOUCE... SI MALIGNE... SI INNOCENTE...
PLOP
Z
ET L'OUÏE SI FINE.
KIRKMAN & SCOTT

TU AS ENTENDU? JUJU A DIT "HAMBURGER"!
BLAGMR.
J'AI PLUTÔT ENTENDU "BLAGMR".
TU PLAISANTES? TU N'AS PAS ENTENDU "HAMBURGER"? C'ÉTAIT CLAIR COMME LE JOUR!
KIRKMAN & SCOTT
"HAMBURGER"! WOAW! MON BÉBÉ EST UN GÉNIE!
ET SON PÈRE EST MARTEAU.
ÉCOUTE! ELLE VIENT DE DIRE: "PRENDREZ-VOUS AUSSI DES FRITES?"
FRAZT?

BÉBÉ BLUES®

RICK KIRKMAN / JERRY SCOTT

DRIIING!
BZZZ! RRRR...
Bonjour
?
QUI ÉTAIT-CE ?
UN FAUX NUMÉRO.
NON, DE CE CÔTÉ-CI DE LA LIGNE !
KIRKMAN & SCOTT

VOYONS... LE LINGE EST PLIÉ, LA CUISINE EST PROPRE, LA VAISSELLE EST FAITE, ON A PASSÉ L'ASPIRATEUR ET FAIT LA POUSSIÈRE ...
... MAIS IL Y AVAIT AUTRE CHOSE À FAIRE... QU'AVONS-NOUS OUBLIÉ ?
BZZZZZZZZZZZZ
DORMIR.
OH, ÇA.
BZZZ
KIRKMAN & SCOTT

DRING! DRING! CLIC
OUIINNN!
OUIIINNN!
KIRKMAN & SCOTT
OUIIINNN!
ALLÔ ?
BONJOUR CHÉRIE, QUOI DE NEUF ?
OUIIINN!
JUSTINE FAIT LA SIESTE.
J'ENTENDS ÇA.

TU TE SOUVIENS...
... QUAND JE DISAIS TOUT LE TEMPS...
... QUE J'ÉTAIS IMPATIENT DE VOIR JUSTINE MARCHER...
KIRKMAN & SCOTT
OUI ?
J'AVAIS TORT.

TU AS DONNÉ À JUSTINE UN POT AUX PETITS POIS ?
OUI, JE CROIS QU'ELLE AIME !
GÉNIAL ! D'HABITUDE, ELLE DÉTESTE LES LÉGUMES VERTS.
KIRKMAN & SCOTT
JE SAIS, C'EST UNE GRANDE PREMIÈRE !
ELLE EN A MANGÉ BEAUCOUP ?
MANGÉ ?

ALORS MOMO, ÇA TE PLAÎT D'ÊTRE UN FUTUR PAPA ?
GÉNIAL, C'EST EXCITANT ! ON APPREND BEAUCOUP... ON A DES PROJETS...
TOI ! TOUT EST DE TA FAUTE !
KIRKMAN & SCOTT
REGARDE CES VARICES ! C'EST DE TA FAUTE, ET MA VENGEANCE SERA TERRIBLE !
MES LES POUSSÉES D'HORMONES ME SURPRENNENT ENCORE
BAH... BIENTÔT, TU N'Y FERAS MÊME PLUS ATTENTION.

BÉBÉ BLUES®
RICK KIRKMAN / JERRY SCOTT
SUR-PRI-SE!
U-PISE!
KIRKMAN & SCOTT
"SURPRISE", LE PREMIER ANTI-DÉPRESSEUR SANS ORDONNANCE.

RING!
RING!
JUJU PARC... ICI LA CAGE DES SINGES.
KIRKMAN & SCOTT

C'EST FANTASTIQUE.
QUOI?
WABA? WABA? IIPO.
QUAND TU REGARDES TON BÉBÉ, TU VOIS TELLEMENT DE CHOSES.
L'ESPOIR... L'AVENIR... L'INNOCENCE...
LA LESSIVE... LA VAISSELLE... LE CHAOS...
KIRKMAN & SCOTT
ÇA ME FAIT TOURNER LA TÊTE.
ÇA ME FAIT MAL AUX REINS.
!!!!

OH, TOUT SE PASSE BIEN, M'MAN.
D'AILLEURS, NOUS AVONS PU METTRE UN PEU D'ARGENT DE CÔTÉ CE MOIS-CI POUR LES ÉTUDES DE LA PUCE.
C'EST BIEN, MA CHÉRIE!
VOUS AVEZ RAISON DE COMMENCER MAINTENANT, ELLE SERA À L'UNIVERSITÉ PLUS VITE QUE VOUS NE L'IMAGINEZ!
L'UNIVERSITÉ? MAMAN... JE PARLE DE LA MATERNELLE!
KIRKMAN & SCOTT

WANDA, OÙ EST CE COUPON DE PIZZA QUE J'AI DÉCOUPÉ DANS LE JOURNAL LA SEMAINE PASSÉE?
SUR LE RÉFRIGÉRATEUR.
TU POURRAIS PRÉCISER?
KIRKMAN & SCOTT

HMMM... BÉLIER... BÉLIER...
Le Journal
VOILÀ. HUMM... NON, DÉSOLÉ, CHÉRIE...
Le Journal
Un dessinateur candidat aux élections
... TON HOROSCOPE NE PARLE NI DE GAINS À LA LOTERIE NI DE PASSER LE RESTE DE TA VIE DANS LE LUXE.
TU ES SÛR?
KIRKMAN & SCOTT

CHIPS
KIRKMAN & SCOTT
CHIPS
AÏE!
QU'EST-CE QU'IL Y A?
JE PENSAIS À L'ÉPOQUE OÙ ON POUVAIT ALLER DE LA CUISINE AU SALON SANS SE FAIRE UNE ÉLONGATION.

BÉBÉ BLUES®
RICK KIRKMAN / JERRY SCOTT
Accepte tout travail contre un "Maman"
DIS "MAMAN".
PA PA
DIS "MAMAN".
PA PA
DIS "MAMAN".
PA PA
DIS "MAMAN".
PA PA
PAPA! PAPA! PAPA! PAPA! PAPA! PAPA! PAPA!
SMAC!
CLIC!
OUINNMAMANMAMAN
Z
KIRKMAN & SCOTT

DANIEL, JE VOUS PRÉSENTE SAM. IL VIENT D'ENTRER À LA COMPTABILITÉ.
BON-JOUR !
COMMENT ÇA VA ?
SNIFF! SNIFF!
DU MYTOSIL !
AH, OUI... SAM VIENT D'ÊTRE PAPA !
KIRKMAN & SCOTT

UMM... J'AI UNE IDÉE...
DANIEL ! PAS DEVANT LE BÉBÉ !
OOH ! EUHH ! JE N'AVAIS PAS VU QU'ELLE ÉTAIT LÀ.
FAIS PLUS ATTENTION LA PROCHAINE FOIS !
OK.
JE SUIS UN TYPE CLASSÉ X ÉGARÉ DANS UNE VIE "TOUT PUBLIC" !
KIRKMAN & SCOTT

JAMMABABABABAWABA BEEEBOUII !
PASSE-MOI LE SILENCIEUX, VEUX-TU ?
JIIBOU ! JIIBOU !
OUPA OUPA MIIPOU !
KIRKMAN & SCOTT

...OH, ET MERCI POUR LES LIVRES QUE TU AS ENVOYÉS À JUSTINE, M'MAN.
SI ELLE AIME? TU PLAISANTES?
ELLE LES A DÉVORÉS!
RIIP!
KIRKMAN & SCOTT

KIRKMAN & SCOTT
JE VOIS QUE VOUS AVEZ LU, TOUTES LES DEUX.
COMMENT AS-TU DEVINÉ?

NON! J'AI DIT "NON"!
OUIN OUIN OUIN
BON, ÉCOUTE MA PUCE. QUAND PAPA DIT "NON", C'EST "NON"!
PA-PA?
...SAUF QUAND IL VEUT DIRE "PEUT-ÊTRE".
GLOUP GLOUP GLOUP
KIRKMAN & SCOTT

BÉBÉ BLUES®
RICK KIRKMAN / JERRY SCOTT
PLOP
ATTENDS, MA PUCE ... MAMAN VA LA NETTOYER !
ZIP!
VOILÀ ! C'EST MIEUX !
FROT FROT FROT
MIOM! MIOM! MIOM! MIOM! MIOM! MIOM!
KIRKMAN & SCOTT

AAÏÏÏÏÏEEEE !!
CRUNCH!
QUE S'EST-IL PASSÉ ?
JUSTINE S'EST TRAÎNÉE DERRIÈRE MOI ET JE LUI AI MARCHÉ SUR LES DOIGTS PAR MÉGARDE !
KIRKMAN & SCOTT
OH, MON DIEU !
JE SUIS SI MALADROIT ! SI STUPIDE ! SI NÉGLIGENT ! SI MONSTRUEUX !
N'HÉSITE PAS À M'INTERROMPRE AVEC UNE PAROLE RASSURANTE...
CONTINUE... IL FAUT VINGT MINUTES POUR ARRIVER AUX URGENCES.

COMMENT AI-JE PU MARCHER SUR LES DOIGTS DE MA PROPRE FILLE !
ET SI JE LUI AVAIS VRAIMENT FAIT MAL ?
ET SI ELLE RESTAIT INVALIDE ?
ET SI TU PRENAIS LES VIRAGES SUR QUATRE ROUES ?
TROP TARD. ON EST À L'HÔPITAL.
KIRKMAN & SCOTT

URGENCES
BONJOUR JE M'APPELLE DANIEL J'AI MARCHÉ SUR LES DOIGTS DE MA FILLE SON NOM EST JUSTINE ILS N'ONT PAS L'AIR CASSÉS IL N'Y A PAS DE SANG MAIS IL FAUDRAIT FAIRE UNE RADIO VOILA MA CARTE DE SÉCURITÉ SOCIALE.
KIRKMAN & SCOTT
OH, AU FAIT, JE SUIS LE PÈRE.
PFEEW
JE M'APPELLE ROGER, JE SUIS LE CONCIERGE.

QUE S'EST-IL PASSÉ ?
JE LUI AI MARCHÉ SUR LES DOIGTS PAR MÉGARDE.
KIRKMAN & SCOTT
QU'EST-CE QUE VOUS EN PENSEZ ? ILS SONT CASSÉS ? ELLE POURRA REJOUER DU XYLOPHONE ???
SES DOIGTS N'ONT RIEN, MAIS VOTRE CULPABILITÉ PARAÎT SÉRIEUSE.
FRAPPEZ-MOI ! COGNEZ ! JE LE MÉRITE !

OOH, TOUT EST DE MA FAUTE ! J'AURAIS DÛ FAIRE PLUS ATTENTION ! J'AURAIS DÛ REGARDER OÙ JE MARCHAIS !
DANIEL, TOUT VA BIEN. JUSTINE N'A RIEN.
LE DOCTEUR A DIT QUE NOUS POUVIONS RENTRER.
KIRKMAN & SCOTT
APRÈS TOUT CE QUE J'AI ENDURÉ ??!

REGARDE ÇA.
PHOTO ALBUM
LE JOUR OÙ JUSTINE A APPRIS À SE METTRE DEBOUT CONTRE LES MEUBLES...
C'EST DRÔLE, ÇA AVAIT L'AIR DE NOUS FAIRE PLAISIR...
KIRKMAN & SCOTT